Drei-
punkt-
Buch

finden
bestimmen
kennen

KU-396-458

Wasservögel

Enten, Gänse, Watvögel, Möwen und andere

Text: Ute E. Zimmer

Gesamtbearbeitung: Dorothee Eisenreich

VERLEGT BEI

KAISER

CIP-Kurztitelaufnahme der Deutschen Bibliothek

Wasservögel: Enten, Gänse, Watvögel, Möwen u. a. /
Text: Ute E. Zimmer. Gesamtbearb.: Dorothee Eisenreich. –
München; Wien; Zürich: BLV Verlagsgesellschaft, 1987.
  (Dreipunkt-Buch: Finden, bestimmen, kennen; 1018)
  ISBN 3-405-13352-1

NE: Zimmer, Ute E. [Mitarb.];
Eisenreich, Dorothee [Bearb.];
Dreipunkt-Buch / Finden, bestimmen, kennen

Der **Kasten** neben der Überschrift
gibt jeweils von links nach rechts an:

Größe, Zugverhalten und Zeit der Anwesenheit, Anzahl der Bruten
und Brutzeit.

Die Größe wird in Vergleichsform genannt, z.B. Taube = so groß wie
Taube, < Taube = kleiner als, > Taube = größer als Taube.

S = Standvogel, Z = Zugvogel, TZ = Teilzieher, DZ = Durchzügler. Eine
Doppelangabe, z.B. Z/V–IX DZ/X–IV, bedeutet: Die Art ist in ihrer
Bruteimat von Mai bis September anzutreffen; als Durchzügler (z.B.
aus Nordeuropa) tritt sie bei uns von Oktober bis April auf.

In den **Texten** bedeuten:

$\boxed{M}$ = Merkmale, $\boxed{V}$ = Vorkommen, $\boxed{L}$ = Lebensweise, $\boxed{B}$ = Brut-
verhalten; ♂ = Männchen, männlich, ♀ = Weibchen, weiblich.

Berechtigte Ausgabe für den Neuen Kaiser Verlag –
Gesellschaft m.b.H., Klagenfurt
Neuauflage: 1998

Druck u. Bindearbeit: Gorenjski Tisk, Kranj – Slowenien

Inhalt

Einführung

Die sehr heterogene Gruppe der Wasservögel ist in mannigfaltiger Weise eng an das Leben in und am Wasser angepaßt. Häufig sind ♀ und ♂ oder sogar unterschiedliche Arten einander sehr ähnlich und daher sehr schwer zu bestimmen, zumal sie in unterschiedlichen Kleidern auftreten können. Dieses Büchlein stellt die häufigsten Vertreter verschiedener Wasservogelgruppen vor.

Die »Taucher« (1) sind durch Lappentaucher und Ruderfüßler vertreten. Die ersten erhielten ihren Namen von den Schwimmlappen (anstelle von Schwimmhäuten) an den Fußzehen, die zweiten haben nicht nur die Vorderzehen sondern auch die vierte Zehe durch Schwimmhäute verbunden.

Bei den großen, langbeinigen Schreitvögeln (2) tragen die Reiher den Kopf im Flug mit S-förmig gebogenem Hals zwischen den Schultern, während die Störche mit lang ausgestrecktem Hals fliegen.

Schwäne und Gänse (3) sind die »großen« Vertreter der Entenvögel. Ihre Paare halten meist lebenslänglich zusammen.

Bei den (eigentlichen) Enten und Sägern (4) tragen die ♂ zur Brutzeit ein buntes Prachtkleid, das oft bereits im Sommer durch ein, dem Jahreskleid der ♀ ähnliches, Schlichtkleid ersetzt wird, was die Unterscheidung der Geschlechter sehr erschwert.

Die hühnerähnlichen Rallen (5) leben heimlich im Röhricht und sind hervorragende Dickichtschlüpfer.

Eine in Aussehen und Lebensweise sehr vielseitige und interessante Gruppe sind die Watvögel (6).

Die koloniebrütenden Seeschwalben und Möwen (7) sind elegante Flieger.

Viele der vorgestellten Arten sind durch rücksichtslose Verschwendung und Vergiftung unserer Wasservorräte sowie durch fortschreitende Zerstörung der Lebensräume in ihrer Existenz bedroht. Das Ausmaß der Gefährdung wird in verschiedenen Kategorien klassifiziert und im Text angeführt, um uns allen zu verdeutlichen, wie wichtig die Erhaltung der Lebensgrundlagen für diese Arten und letztlich auch für uns ist.

Silhouetten
zum Erkennen der Vogelgruppen

Haubentaucher

Podiceps cristatus

Stock-ente	TZ	1–2 IV–VII

M Größter heimischer Lappentaucher mit auffälligem, schwarzem, zweigeteiltem Schopf; Halskrause und Backenbart rostbraunschwarz; Oberseite braun, Unterseite weiß. **V** Größere und kleinere Gewässer mit Uferbewuchs, außerhalb der Brutzeit an großen Flüssen und Meeresküsten. **L** Schwimmt mit flachem Rücken und langem, geradem Hals; taucht ausdauernd. Ruft laut »köcköck . . .« und »orr«. Nahrung v.a. kleine Fische, Krebse, Wasserinsekten. Zur Brutzeit reviergebunden, sonst in kleinen Gruppen. Auffällige Balz. **B** Beide Eltern erbrüten in 27–29 Tagen 4 Junge, die ab dem ersten Tag schwimmen, aber noch 10–11 Wochen geführt werden.

Schwarzhalstaucher
Podiceps nigricollis

> Drossel	TZ	1 V–VII

M Kopf, Hals und Rücken schwarz, Seiten rotbraun, Unterseite weiß. Kopfseiten zur Brutzeit mit fächerförmigem, goldfarbenem Federbüschel. **V** Vegetationsreiche Teiche und Seen mit dichtem Uferbewuchs, oft zusammen mit Lachmöwen; im Winter auch an Brack- und Salzwasser. **L** Rufe ansteigend »puii«. Ernährt sich von Wasserinsekten und deren Larven, Mollusken, kaum von Fischen. **B** Koloniebrüter. Nest meist im dichten Röhricht, auf einer Unterlage oder schwimmend. 3–4 Junge werden in 20–21 Tagen von ♀ und ♂ erbrütet; sie verlassen sofort das Nest, werden in den ersten Tagen von den Eltern auf dem Rücken getragen, sind mit 4–5 Wochen selbständig.

Zwergtaucher
Podiceps ruficollis

Drossel	S	1-2 III-VII

M Kleinster europäischer Taucher von rundlicher Gestalt, mit kurzem Hals. Oberseite schwarzbraun, Oberkopf schwarz, Halsseiten rotbraun, Schnabelwinkel hell gelbgrün. Ruhekleid unauffällig graubraun. **V** Kleine, dicht bewachsene, stehende und langsam fließende Gewässer, Verlandungszonen großer Seen. **L** Zur Brutzeit charakteristischer, langer Triller, der oft im Duett vorgetragen wird. Ernährt sich von Insekten, deren Larven, Mollusken u.a. kleinen Wassertieren. **B** 5–6 Junge werden in 20–22 Tagen von ♀ und ♂ im gut in der Vegetation versteckten Wassernest erbrütet und mindestens 40 Tage von den Eltern geführt.

Kormoran

Phalacrocorax carbo

Graugans	Z/III–XI DZ/XII–II	1 IV–VII

M Überwiegend schwarz, Brutkleid schimmert metallisch grün. Kopfseiten, Kinn und Flanken weiß. **V** An Küsten und wenigen, fischreichen Binnengewässern. Häufiger Wintergast, als Brutvogel bei uns bedroht! **L** Flugbild kreuzförmig. Körper beim Schwimmen tief eingetaucht, Kopf zeigt schräg nach oben. Ausdauernder Taucher. Gefieder nicht wasserabweisend, er sitzt daher oft mit zum Trocknen ausgebreiteten Flügeln auf Pfählen o. ä. Die sonoren Rufe sind meist nur an der Brutkolonie zu hören. Nahrung v. a. Fische. **B** ♀ und ♂ erbrüten in 23–30 Tagen 3–4 Junge, die nach 60 Tagen flügge, aber noch 12–13 Wochen von den Eltern abhängig sind.

Rohrdommel
Botaurus stellaris

> Bussard	TZ	1 IV–VII

M Kleiner, gelbbrauner Reiher mit schwarzer Gefiedermarmorierung. Oberkopf schwarz, Unterseite hellbraun mit dunklen Längsstreifen. **V** Große Schilf- und Rohrkolbenbestände. Vom Aussterben bedroht! **L** Heimlicher, dämmerungs- und nachtaktiver Vogel, dessen seltsame, dunkle Rufe »u-pruh« weithin hörbar sind. Bei Störung und Gefahr unbewegliche, hochaufgerichtete »Pfahlstellung«. Ernährt sich von Fischen, Amphibien, Wasserinsekten, Würmern. Fliegt nur niedrig über dem Schilf. **B** Das ♀ erbrütet in 25–26 Tagen 5–6 Junge, die nach 15–20 Tagen neben dem Nest sitzen, mit 50–55 Tagen flügge sind und v. a. vom ♀ geführt werden.

Zwergdommel
Ixobrychus minutus

Taube	Z IV–X	1–2 V–VII

M Kleinster heimischer Reiher mit gelblichem Gefieder; Oberkopf, Rücken, Schultern und Schwanz sind v.a. beim ♂ schwarz. **V** Verlandungszonen von Gewässern, schilfreiche Flußufer, Auwälder, Sümpfe. Überwintert südlich der Sahara. Vom Aussterben bedroht! **L** Tag- und dämmerungsaktiv, fliegt oft niedrig kurze Strecken über Schilf, klettert in Gebüsch und Schilf. Bei Gefahr »Pfahlstellung«. Ruft zur Brutzeit »wuh«; Flugruf »kerr«. Ernährt sich von Fischen, Amphibien, Würmern, Insekten. **B** ♀ und ♂ erbrüten in 17–19 Tagen 5–6 Junge, die ab 8–10 Tagen in der Nestumgebung herumklettern und mit 25–30 Tagen flügge sind.

Graureiher
Ardea cinerea

< Storch	TZ	1 III–IX

M Oberseite grau, Unterseite weiß, Arm- und Handschwingen, Oberkopfseiten und 2 lange Nackenfedern schwarz. **V** Uferzonen aller Gewässer. Potentiell bedroht. **L** Hals wird im Flug wie bei allen Reihern S-förmig eingezogen, Beine lang ausgestreckt. Langsame, rudernde Flügelschläge. Ruft im Flug laut »kraik«. Jagt im Seichtwasser oder langsam schreitend auf Wiesen; die Beute (Weißfische, Amphibien, Kleinsäuger) wird durch rasches Zustoßen mit dem Schnabel gepackt. Steht oft ruhig mit eingezogenem Hals am Gewässerrand. **B** Koloniebrüter. ♀ und ♂ erbrüten in 25–27 Tagen 4–5 Junge, die, mit 50 Tagen flügge, noch lange zum Nest zurückkehren.

Weißstorch
Ciconia ciconia

bekannt	Z III–IX	1 IV–VII

M Großer, weißer Schreitvogel mit schwarzen Arm- und Handschwingen. Die langen Beine und der lange Schnabel sind rot. **V** Feuchte Niederungen mit Teichen, extensiv genutztes Grünland. Überwintert im tropischen Afrika und Südafrika. Vom Aussterben bedroht! **L** Flug majestätisch, mit lang ausgestreckten Beinen und Hals. Segelflieger. Gesellig, kämpft aber ums Nest. Bei Erregung, v.a. am Nest lautes Schnabelklappern. Ernährt sich von Amphibien, Mäusen, Regenwürmern, Insekten und deren Larven. **B** Brütet bei uns auf Dächern in Ortschaften, sonst in Kolonien auf Bäumen. ♀ und ♂ erbrüten in 33–34 Tagen 3–5 Junge, die nach 55–60 Tagen selbständig sind.

Höckerschwan
Cygnus olor

bekannt	S	1 IV–IX

M Unser größter Schwan ist schneeweiß mit leicht S-förmig gebogenem Hals und orangerotem Schnabel; ♂ mit schwarzem Schnabelhöcker. **V** Nährstoffreiche, stehende oder langsam fließende Gewässer, oft halbzahm auf Parkteichen. **L** Flug schwerfällig, geradeaus, Fluggeräusch metallisch schwingend. Ruf v. a. zur Brutzeit trompetend »kiorr«. Imponiert mit über den Rücken erhobenen Flügeln, auch gegenüber Menschen. Außerhalb der Brutzeit z. T. gesellig. Nahrung sind Sumpf- und Wasserpflanzen. **B** Meist Einzelbrüter. Das ♀ erbrütet in 35–41 Tagen 5–8 Junge, die schon am 1. Tag das Nest verlassen, aber bis zum Winter im Familienverband bleiben.

Singschwan
Cygnus cygnus

< Höcker-schwan	Z/IV–IX DZ/X–IV	1 V–VIII

M Weißer Schwan mit geradem, schlankem Hals, flacher Stirn und gelbem Schnabel mit schwarzer Spitze. **V** An der Küste und im Norddeutschen Tiefland regelmäßiger, im Binnenland seltener Wintergast. Brutvögel Nordeurasiens. **L** Im Herbst und Winter kann man bei uns Familien mit Jungen beobachten. Ruft im Flug tief, nasal »anghö«. Ernährt sich von Wasserpflanzen, Gräsern und Kräutern. **B** Einzelbrüter an Süßwasserseen der Arktis, Subarktis und Nadelwaldzone. Das ♀ erbrütet in 35–42 Tagen 5–6 Junge. Die jungen Nestflüchter verlassen nach 1–2 Tagen das Nest, werden mit etwa 4 Wochen selbständig, bleiben jedoch bis zum Winter in der Familie.

Saatgans
Anser fabalis

| Graugans | Z/V–IX | 1 |
| | DZ/X–IV | VI–IX |

M Dunkelgraubraune Gans mit dunkelbraunem Kopf, Hals und Flügeln. Schnabel schwarz mit je nach Rasse unterschiedlich breiter orangefarbener Querbinde. Füße orange. **V** Bei uns regelmäßiger Durchzügler bzw. Wintergast an flachen Gewässern. Brutvogel in lichten Wäldern mit Wasser in Nordeurasien. **L** Im Winter meist in Trupps, oft mit anderen Gänsearten zu beobachten. Ruft 2silbig »käjak«. Nahrungssuche auf möglichst störungsfreien Wiesen, Weiden und Äckern (Getreide, Klee und andere Grünpflanzen, Kartoffeln). **B** Das ♀ erbrütet in 27–29 Tagen 4–6 Junge, die mit etwa 2 Monaten flugfähig sind, aber noch lange im Familienverband bleiben.

Graugans
Anser anser

< Schwan	Z/III–IX DZ/X–II	1 IV–VIII

M Die hellgraubraune Gans mit blaßroten Füßen und blaß-
orangefarbenem Schnabel ist die Stammutter unserer Haus-
gans. **V** Bei uns regelmäßiger Durchzügler; als Brutvogel nur
sehr selten, z.T. ausgesetzt, an Binnengewässern mit guter
Deckung. **L** Wie alle Gänse sehr gesellig, fliegt meist in Keil-
oder Linienformation. Im Streckenflug schwach pfeifendes
Fluggeräusch. Nahrungssuche (Land- und Wasserpflanzen)
auf Wiesen und Weiden, im Wasser. Ruft gerne, meist 2–7silbig
»gaga . . .«. **B** Graugänse führen eine Dauerehe. Das ♀ erbrütet in 27–29 Tagen 4–9 Junge; die Nestflüchter sind, nach
50–60 Tagen selbständig.

Nonnengans
Branta leucopsis

< Graugans	Z/III–IX DZ/X–III	1 V–VIII

M Stirn und Gesicht rahmweiß, Rücken taubengrau mit schwarzweißen Säumen, Hals, Brust, Schwanz, Schnabel und Füße sind schwarz. **V** Brutvogel des hohen Nordens, bei uns regelmäßiger Wintergast an den Küsten. **L** Sehr gesellig, meist in größeren Trupps. Flugruf kurz bellend »gock«. Im Winterquartier Weidegänger auf Salzwiesen, Weiden, Äckern (Gräser, Klee, Kräuter, Wintersaat, Queller). Ruheplätze im Watt und auf Sandbänken. **B** Das ♀ brütet allein 24–25 Tage, die 3–5 Jungen verlassen das Nest unmittelbar nach dem Schlüpfen und suchen das Wasser auf, werden von den Eltern geführt und sind nach 7 Wochen flügge, bleiben aber bei den Eltern.

Ringelgans
Branta bernicla

> Stock- ente	Z/V–IX DZ/X–IV	1 V–VIII

M Die kleinste der »schwarzweißen Gänse«. Oberseite dunkel graubraun, Bauch und Schwanzdecken weiß, Kopf, Hals, Brust, Schnabel und Füße schwarz. Halsseiten mit schmalen weißen Halbmonden. **V** Brutvogel arktischer Küsten, bei uns regelmäßiger Wintergast im Wattenmeer. **L** Sehr gesellig, daher fast immer in großen Scharen. Ruft 1 silbig tief »rock«. Nahrungssuche (Seegras, Queller, Grünalgen, Gräser, Wintersaat) im Watt und auf Wiesen und Wintersaatflächen. **B** Das ♀ erbrütet in 24–26 Tagen 3–5 Junge, die von beiden Eltern geführt werden und auch nach dem Flüggewerden noch über längere Zeit im Familienverband bleiben.

Kanadagans
Branta canadensis

> Graugans	Z/III–IX DZ/X–II	1 IV–VIII

M Unsere größte heimische Gans wurde aus Nordamerika eingebürgert. Oberseite graubraun, Bauch weiß, Brust hellgrau bis bräunlich, Hals, Kopf, Schwanz, Schnabel und Füße schwarz. Von der Kehle bis hinter die Augen zieht sich ein weißer Fleck. **V** Regelmäßiger Wintergast an den Küsten, als Brutvogel an Binnenseen meist halbzahm. **L** Gesellig. Ruft laut trompetend »ahong«. Nahrungssuche auf Grünflächen (Gräser, Klee, Sämereien, Jungsaat), auch im Seichtwasser. **B** Das ♀ erbrütet in 28–30 Tagen 5–6 Junge. Die Nestflüchter werden von den Eltern geführt, sind nach 9 Wochen flugfähig, bleiben jedoch bis zur nächsten Brutperiode in der Familie.

Brandgans
Tadorna tadorna

> Stock-ente	TZ	1 IV-VII

M Große, gänseähnliche Ente mit weißem Körper. Kopf schwarzgrün, breites braunes Brustband, grünschwarzes Längsband von den Schultern nach hinten, schwarzes Band in der Bauchmitte. Flügel weiß, Arm- und Handschwingen schwarz. Schnabel rot, beim ♂ zur Brutzeit mit rotem Höcker. **V** Meeresküsten, salzige Binnenseen, Flußmündungen. Teilzieher mit interessantem Mauserzug. **L** Sehr gesellig. Rufe selten zu hören. Zur Nahrungssuche (Mollusken, Krebse, Insektenlarven) häufig im Watt. **B** Höhlenbrüter. Manchmal legen mehrere ♀ ihre Eier in ein Nest. Nach 29–31 Tagen schlüpfen 8–10 Junge, die mit 45–50 Tagen flügge sind.

23

Schnatterente

Anas strepera

< Stock-ente	Z/IV–X DZ/XI–III	1 V–VIII

M ♂ im Brutkleid dunkelgrau, Kopf bräunlich, Hinterbrust, Bauch und breiter Flügelspiegel (Flug!) weiß. ♀ ähnlich Stockente, aber schlanker. **V** Seichte, stehende oder langsam fließende, nährstoffreiche Binnengewässer. Überwintert im Mittelmeerraum und Nordafrika. Potentiell bedroht! **L** Gründelente, schwimmt hoch auf dem Wasser. ♂ ruft bei Gemeinschaftsbalz ein rauhes, nasales »räd« mit anschließendem Grunzpfiff »öööiii«. Abfallende Rufreihe »räk-räk . . .« des ♀ ähnlich, aber nicht ganz so laut wie die der Stockente. Ernährung v. a. pflanzlich, Nahrungsschmarotzer beim Bläßhuhn. **B** ♀ erbrütet in 24–26 Tagen 8–12 Junge und führt sie 45–50 Tage.

Stockente
Anas platyrhynchos

bekannt	S	1 III–VII

M Häufigste, größte Gründelente. ♂ im Brutkleid: Körper grau mit heller Unterseite, Kopf grün, weißer Halsring, dunkelbraune Brust. Die beiden mittleren, blaugrün schimmernden, schwarzen Schwanzfedern sind aufgerollt. Blauer Flügelspiegel ist vorne und hinten schwarzweiß eingefaßt. Im Ruhekleid wie ♀ bräunlich mit dunkler Streifenfleckung. **V** Stehende und langsam fließende Gewässer, in Parks oft halbzahm. **L** Stammutter der Hausente. ♂ ruft gedämpft »rähb« mit Grunzpfiff »fihb«; ♀ quaken laut eine abfallende Rufreihe »waak-waak . . .« Nahrung pflanzlich und tierisch, auch Brot und Abfälle. **B** ♀ erbrütet in 25–30 Tagen 7–11 Junge, führt sie 50–60 Tage.

Spießente
Anas acuta

< Stock-ente	Z/IV–VIII DZ/IX–IV	1 IV–VII

M Schlank, mit langem, dünnem Hals. ♂ im Brutkleid grau mit dunkelbraunem Kopf, weißem Hals. Unterseite weiß, Unterschwanzdecken schwarz. Schwanz lang und spitz ausgezogen. Im Ruhekleid unauffällig bräunlich wie ♀. **V** Bei uns sehr selten, als Wintergast v. a. an der Küste, im Wattenmeer, an großen Binnenseen. Brütet an großen stehenden Gewässern. Potentiell bedroht! **L** Gründelente, meist einzeln unter anderen Gründelenten. Schwanz wird beim Schwimmen schräg nach oben gehalten. Stimme leise, unauffällig. Nahrung pflanzlich und tierisch. **B** ♀ erbrütet in 22–24 Tagen 7–12 Junge, die mit 40–45 Tagen flügge sind.

Löffelente

Anas clypeata

< Stock- ente	TZ	1 V–VIII

M Gedrungen, kurzhalsig, mit breitem, langem Löffelschnabel. ♂ im Brutkleid: Kopf und Hals dunkelgrün, Auge gelb, Brust weiß, Bauch und Flanke rostbraun, Rückenmitte, Ober- und Unterschwanz schwarz. Blauer Vorderflügel mit grünem Spiegel und breitem, weißem Vorderrand (Flug!). Im Ruhekleid ähnlich dem stockentenfarbigen ♀. **V** Nährstoffreiche, flache Gewässer, Stauseen. Bei uns selten. Überwintert im Mittelmeerraum und tropischen Afrika. Potentiell bedroht! **L** Stimme selten zu hören. Ernährt sich vom Plankton des Wassers, das mit dem breiten Löffelschnabel geseiht wird. **B** ♀ erbrütet in 22–24 Tagen 8–12 Junge, die mit 40–45 Tagen flügge sind.

Krickente
Anas crecca

Taube	Z/III–IX DZ/IX–III	1 IV–VIII

M Kleinste heimische Gründelente. ♂ im Brutkleid: Kopf dunkelbraun mit breitem, bogig in den Nacken reichenden, gelb eingefaßtem, grünem Seitenstreifen. Brust cremefarben, dunkel getupft, Rücken und Flanken grau, weißer Schulterlängsstreif. Flügelspiegel schwarzgrün, vorne breit hell abgesetzt. Im Ruhekleid so wie das dunkelbraun gefleckte, hellbraune ♀.
V Stehende Flachwässer, Schlick- und Schlammflächen, Heide- und Moorseen. Bedroht! **L** Während der Brutzeit heimlich, sonst in Trupps. Die ♂ rufen melodisch »glik« (Name!), die ♀ quaken hell »gä-gä . . .«. Nahrung tierisch und pflanzlich.
B ♀ erbrütet in 21–23 Tagen 8–11 Junge, führt sie 25–30 Tage.

Knäkente
Anas querquedula

Taube	Z III–X	1 V–VIII

M Zusammen mit der nebenan beschriebenen Krickente kleinste heimische Ente. ♂ im Brutkleid: Kopf, Hals und Brust rotbraun mit sichelförmigem, weißem Augenstreif. Flanken hellgrau, Rücken dunkelbraun. Lange graue und schwarzweiße Schulterfedern hängen über den Flügel. Vorderflügel blaugrau, weiß gesäumter, blaßgrüner Flügelspiegel (Flug!). Im Ruhekleid wie ♀. **V** Teiche, Sümpfe, Gräben. Überwintert in den Nordtropen Afrikas. Bedroht! **L** Wenig gesellig. Gründelt kaum. ♂ ruft schnarrend »rrrp«, ♀ nasal »knäk«. Ernährt sich von kleinen Wasserpflanzen und -tieren. **B** ♀ erbrütet in 21–23 Tagen 8–11 Junge, die mit 34–40 Tagen flügge sind.

Kolbenente

Netta rufina

Stock-ente	TZ	1 V–VIII

M ♂ im Brutkleid: Dicker, fuchsroter Kopf mit hellerem Oberkopf. Brust, Bauch und Unterschwanzdecken schwarz. Flanken weiß, Rücken und Flügel braun, weißer Schulterstreif. Weißer Flügelvorderrand und breite weiße Flügelbinde (Flug!). Schnabel rot. Im Ruhekleid ähnlich dem braunen ♀ mit dunkelbraunem Oberkopf und schwarzbraunem Schnabel mit hellrotem Band an der Spitze. **V** Nährstoffreiche Flachgewässer mit reichlich Ufervegetation. **L** ♂ ruft kurzes, lautes »bät«, eingebettet in leise Triller. Fast nur zur Brutzeit zu hören. Nahrung v. a. Wasserpflanzen. **B** ♀ erbrütet in 26–28 Tagen 8–11 Junge, die 45–55 Tage geführt werden.

Tafelente

Aythya ferina

< Stock-ente	TZ	1 IV–VIII

M Kräftige Tauchente mit hohem Kopf. ♂ im Brutkleid: Kopf und Hals schokoladenbraun, Rücken und Flanken silbergrau, Brust und Schwanz schwarz. Der schwarze Schnabel trägt in der Hälfte eine breite, hellgraublaue Binde. Im Ruhekleid weniger kontrastreich. ♀ variabel braun, Schnabelbinde nur sehr schmal. **V** Nahrungsreiche Binnengewässer mit gut ausgebildeter Ufervegetation. **L** Sehr gesellig, im Winter häufig zusammen mit Reiherenten. Rufe außerhalb der Balzzeit nur selten zu hören und auch da nur wenig auffällig. Taucht nach Wasserpflanzen und -tieren. **B** ♀ erbrütet in 24–28 Tagen 5–12 Junge, die ca. 50 Tage geführt werden.

Reiherente

Aythya fuligula

< Stock-ente	TZ	1 V–IX

M Kleine, gedrungene Tauchente. ♂ im Brutkleid mit schwarzem Körper und weißen Flanken und Bauch. Kopf mit herabhängendem Federschopf (Name!). Breites weißes Flügelband (Flug!). Im Ruhekleid ähnlich dem dunkelbraunen ♀ (keine oder nur sehr kurze Haube!) mit grauen Flanken. **V** Stehende oder langsam fließende Gewässer. In Parks oft halbzahm. **L** Häufig in großen Trupps, zusammen mit Tafelenten. Flug schnell und wendig. ♂ ruft bei Balz »bück-bück«, ♀ im Flug »krrr«. Außerhalb der Brutzeit meist stumm. Nahrung v. a. kleine Wassertiere, auch -pflanzen. **B** ♀ erbrütet in 23–24 Tagen 6–11 Junge und führt sie 45–50 Tage.

Bergente

Aythya marila

< Stock-ente	Z/IV–X DZ/X–IV	1 V–IX

M Sehr ähnlich der nebenan beschriebenen Reiherente. ♂ im Brutkleid: Oberseite hellgrau, Kopf grünschwarz, Bauch und Flanken weiß, Bürzel, Ober- und Unterschwanzdecken schwarz. Farben im Ruhekleid viel matter; ♀ braun. **V** Brütet auf nordischen Binnenseen. Bei uns im Winter regelmäßig an und nahe der Küste. **L** Tauchente, geht ungern auf Land. Stimme leise, fast nur zur Balzzeit zu hören. Ernährt sich v.a. von Mollusken, kleinen Krebsen, Wasserinsekten, weniger von Wasserpflanzen. **B** ♀ erbrütet in 24–28 Tagen 6–9 Junge. Die jungen Nestflüchter werden vom ♀ alleine längere Zeit geführt, bis sie selbständig sind.

Eiderente

Somateria mollissima

> Stock-ente	Z/III–IX DZ/VII–II	1 IV–VIII

M Große, kurzhalsige Meeresente mit schräger Stirn und keil-förmigem Schnabel. ♂ im Brutkleid: Rücken, Brust, Hals und Kopf weiß, Stirn und Scheitel schwarz. Nacken und Halsseiten hellgrün, Bauch, Flügelspitzen, Armschwingen, Schwanz und Bürzel schwarz. Im Ruhekleid wie ♀ graubraun. **V** Flache Meeresküsten; Mauser- und Wintergast an Nord- und Ostsee. Im Binnenland nur im Winter in kleinen Trupps. **L** Taucht mit einem Schlag der halboffenen Flügel. Gesellig. ♂ ruft zur Balz »uhú«, ♀ »goggog . . .« oder »korr«. Nahrung v.a. Muscheln, Krebse. **B** ♀ erbrütet in 25–28 Tagen 4–6 Junge, die mit 65–75 Tagen flügge, oft 10 Tage vorher selbständig sind.

Schellente
Bucephala clangula

< Stock-ente	TZ	1 IV-VII

M Kleine, gedrungene Tauchente. ♂ im Brutkleid: Rücken und Schwanz schwarz, Schulter, Unterseite und Flanken weiß. Großer, grünschwarz schimmernder Kopf mit auffälligem, ovalem weißem Fleck zwischen Schnabel und hellgelbem Auge. ♀ graubraun mit dunkelbraunem Kopf und heller Schnabelspitze. **V** Binnenseen bewaldeter Gebiete, im Winter an Flüssen, Seen, Stauseen. **L** Liegt tief im Wasser, taucht viel. Stimme wenig zu hören. Fluggeräusch charakteristisch hoch pfeifend »wiwi . . .«. Nahrung Mollusken, Krebse, Insektenlarven. **B** Höhlenbrüter (Baumhöhlen, Nistkästen). ♀ erbrütet in 29–31 Tagen 6–11 Junge, die mit 57–66 Tagen flügge sind.

Gänsesäger

Mergus merganser

> Stock-ente	TZ	1 IV–VIII

M ♂ im Brutkleid: Kopf flaschengrün, Kehle, Nacken und Rükken graumeliert, Hals und Unterseite weiß bis lachsrosa. Kräftiger, rötlicher, an der Spitze umgebogener, gezähnter Schnabel. Breites, weißes Armflügelfeld (Flug!). Kopf des ♀ braun, Hinterkopfgefieder zottig, brauner Halsring vorne geschlossen. **V** Flüsse, Seen, Meeresküsten mit Baumbestand. Stark bedroht! **L** Stimme wenig zu hören, im Flug hartes »karr«. Tritt im Binnenland in größeren Trupps auf. Nahrung v.a. kleinere Fische. **B** Wie die umseitig beschriebene Schellente Höhlenbrüter (Baumhöhlen, Mauerlöcher, Nistkästen). ♀ erbrütet in 30–35 Tagen 8–12 Junge, die mit 60–70 Tagen flügge sind.

Mittelsäger
Mergus serrator

Stock-ente	TZ	1 IV–VIII

M ♂ im Brutkleid: Kopf flaschengrün mit zottiger, deutlich 2geteilter Federhaube. Breiter, weißer Halsring, rostbraunes Brustband, Flanken graugewellt. Im Ruhekleid wie ♀: Oberseite bräunlich-grau, Kopf und Hals rotbraun. Halsring vorne offen. **V** An Küsten und auf Meeresinseln, an Binnenseen und Flüssen. Außerhalb der Brutzeit an Süß-, Brack- und Salzwasser. Potentiell bedroht! **L** Schlanker Tauchvogel, meist nur in kleinen Trupps. Stimme kaum zu hören. Ernährt sich von kleinen Fischen und Krebsen. **B** Im Gegensatz zum nebenan beschriebenen Gänsesäger Bodenbrüter. Das ♀ erbrütet in 30–33 Tagen 6–12 Junge, die mit 60–65 Tagen flügge sind.

Wasserralle
Rallus aquaticus

| >
Drossel | TZ | 1–2
IV–VIII |
|---|---|---|

M Oberseite olivbraun, Kopfseiten, Kehle, Hals und Brust schiefergrau, Flanken schwarzweiß gestreift. Charakteristisch ist der lange, etwas gebogene, rote Schnabel. **V** Dichte, hohe Schilfbestände an Flüssen und Seen. Bedroht! **L** Sehr heimlich, läuft in geduckter Haltung, ist daher kaum zu beobachten; klettert gut in Ästen und Sträuchern. Häufigster Ruf ist ein grunzend-kreischendes »Ferkelquieken«. Wippt bei Erregung ruckweise mit hochgestelltem Schwanz. Nahrung: Insekten, kleine Schnecken, Würmer. **B** ♀ und ♂ erbrüten in 19–22 Tagen 6–11 Junge, die das Nest nach einigen Tagen verlassen und nach 7–8 Wochen flügge sind.

Wachtelkönig
Crex crex

> Drossel	Z IV–IX	1 V–VIII

M Oberseite hellgraubraun mit dunklen Federmitten, Unterseite gelbbraun, gegen den Bauch weißlich, Flügel kastanienbraun. **V** Extensiv genutzte Flächen mit dichtem Bewuchs, Kartoffel-, Rüben-, Kleeäcker. Überwintert im tropischen Afrika. Stark bedroht! **L** Sehr scheuer Einzelgänger, der häufig laufend ausweicht. Fliegt nur kurze Strecken mit hängenden Füßen. Der eigenartig knarrende, bis 1 km weit hörbare Gesang »rerrp-rerrp« wird v. a. in der Dämmerung und nachts – oft stundenlang – vorgetragen. Ernährt sich von Insekten, Sämereien, grünen Pflanzenteilen. **B** 7–12 Junge die vom ♀ in 16–19 Tagen erbrütet werden, sind mit 35 Tagen flügge.

Teichhuhn
Gallinula chloropus

Taube	TZ	2–3 IV–VIII

M Oberseite olivbraun, Kopf, Hals und Unterseite grau-schwarz, Flanke mit weißem unterbrochenem Längsband. Rotes, häutiges Stirnschild mit gelber Schnabelspitze, Füße grün mit rotgelbem Fersenring. **V** Ufer und Verlandungszonen stehender und langsam fließender Gewässer, Lehm- und Kiesgruben, Dorfteiche, Parkgewässer. **L** Nickt beim Schwimmen mit dem Kopf und zuckt mit dem gestelzten Schwanz, läuft auf dem Land, klettert geschickt in bodennaher Vegetation. Ernährt sich von Samen und Früchten der Sumpf- und Wasserpflanzen, Insekten u. a. Kleintieren. **B** ♀ und ♂ erbrüten in 19–22 Tagen 5–11 Junge, die mit ca. 35 Tagen flügge sind.

40

Bläßhuhn

Fulica atra

< Stock-ente	TZ	1 IV–VIII

M Schwarzgraue Ralle mit schwarzem Kopf, leuchtend weißem Stirnschild und Schnabel. **V** Stehende und langsam fließende Gewässer mit Uferdeckung Altwässer, Kiesgruben, Tümpel, Dorf- und Parkteiche. **L** Schwimmt mit ständigem Kopfnicken, taucht mit kleinem Kopfsprung. Vor dem Start langes Laufen auf der Wasseroberfläche mit lautem Flügelklatschen. ♂ ruft »tsk« oder »tp«, ♀ laut bellend »köw«. Ernährt sich von Schilf, Wasserpflanzen, Mollusken, Insekten und deren Larven, organischen Abfällen. **B** 5–10 Junge werden von ♀ und ♂ in 23–25 Tagen erbrütet, verlassen das Nest erst nach einigen Tagen und sind mit etwa 8 Wochen flügge.

41

Austernfischer

Haematopus ostralegus

> Taube	S	1 IV–VI

M Auffälliger, gedrungener Küstenvogel mit schwarzer Ober-, weißer Unterseite, langem, rotem Schnabel und roten Beinen. Flügel schwarz, im Flug mit breiter weißer Binde. **V** Kies-, Fels- und Sandstrände, Dünen, Wattwiesen. Außerhalb der Brutzeit meist in großen Schwärmen im Watt. **L** Die auffälligen »kliip«-Rufe sind weithin zu hören und werden in langsamem, niedrigem Singflug über dem Revier vorgetragen. Zudem lautes, an- und abschwellendes Trillerzeremoniell aus »ki-ki . . .«-Rufen. Nahrung v. a. Muscheln, Krebse, Schnecken, Ringelwürmer und Insekten. **B** Bodenbrüter, ♀ und ♂ erbrüten in 24–27 Tagen 3 Junge, die mit 32–35 Tagen flügge sind.

Kiebitz
Vanellus vanellus

Taube	TZ	1 III–VII

M Brust und Kehle schwarz, Rücken braungrau mit grünviolettem Metallschimmer, Unterseite weiß. Oberkopffedern zu spitzer Haube verlängert. Schwingen schwarz, Schwanz weiß mit breiter schwarzer Endbinde. Füße rötlich. Flügel im Flug gerundet. **V** Flaches, niedrig bewachsenes Feuchtland, Äcker. **L** Außerhalb der Brutzeit meist in Schwärmen. Flug lappig, unstet, mit plötzlichen Schwenks und Aufsteigen. Auffällige Bodenbalz und Ausdrucksflüge. Häufigster Ruf ist ein klagendes »kchiuwitt«, das im Revierflug vorgetragen wird. Nahrung v. a. kleine Bodentiere. **B** ♀ und ♂ erbrüten in 26–29 Tagen 4 Junge, die mit 35–40 Tagen flügge sind.

Sandregenpfeifer
Charadrius hiaticula

< Drossel	Z/IV–IX DZ/IX–IV	1–2 V–VIII

M Oberseite braun, Unterseite weiß. Im Brutkleid mit schwarzem Brustband und schwarzem Stirnband, das vom braunen Oberkopf nicht weiß abgesetzt ist. Im Flug helle Flügelbinde. Schnabel orange mit schwarzer Spitze, Füße orange. **V** Offene, vegetationslose Küsten. Auf dem Durchzug in größeren Trupps im Watt, vereinzelt an Sandküsten im Binnenland. Überwintert in NW- bis tropischem Afrika. **L** Läuft sehr schnell mit plötzlichen Stops. Ruft im Abflug weich »tüip«; Gesang »duije-duije …« wird im Singflug vorgetragen. Nahrung v. a. kleine Bodentiere. **B** ♀ und ♂ erbrüten in 21–28 Tagen 4 Junge, die mit 24 Tagen flügge sind.

44

Flußregenpfeifer

Charadrius dubius

 < Drossel	Z III–X	1 IV–VII

M Kleiner und zarter als der nebenan beschriebene Sandregenpfeifer. Schwarzes Stirnband, meist durch weißen Saum vom braunen Kopf getrennt. Gelber Augenring. Schwarzer Schnabel mit kleinem, rotgelbem Fleck an der Basis. Füße fleischfarben. **V** Schotter-, Kies-, Sandufer und -inseln der Flüsse, Kies- und Sandgruben. Überwintert südlich der Sahara. **L** Außerhalb der Brutzeit gesellig. Trippelt schnell mit plötzlichen Stops. Häufigster Ruf ein abwärts gerichtetes »piu«; Fledermausartiger Singflug über dem Revier mit heiserem »griägriä . . .«. Nahrung kleine Bodentiere. **B** ♀ und ♂ erbrüten in 22–28 Tagen 4 Junge, die mit 24–29 Tagen flügge sind.

Bekassine
Gallinago gallinago

Drossel	Z III–IX	1 IV–VII

M Oberseite braun mit schwarzen und gelblichen Längsstreifen, Kopf mit 2 dunkelbraunen Längsstreifen. Unterseite weiß. Schnabel lang, gerade. **V** Sümpfe, Moore, feuchte Wiesen mit dichter, nicht zu hoher Vegetation. Stark bedroht! **L** Sehr gut getarnt. Drückt sich in der Vegetation, fliegt oft erst unmittelbar vor dem Beobachter in reißendem Flug ab. Typisch ist das »Meckern« der »Himmelsziege« im Flug, das durch Abspreizen der beiden äußeren Steuerfedern am Schwanz zustandekommt (Instrumentallaut). ♀ und ♂ rufen am Boden und im Flug »tük-je«. Bohrt im weichen Boden nach Tieren. **B** ♀ erbrütet in 18–20 Tagen 4 Junge, die nach 4 Wochen flügge sind.

Waldschnepfe
Scolopax rusticola

Taube	TZ	1–2 III–VIII

M Oberseite tarnfarbig bräunlich gemustert, Unterseite fein gelblich gesperbert. Nacken und der runde Kopf mit den seitlich sitzenden Augen mit 3 breiten schwarzen Querbinden. **V** Reich gegliederte Au-Mischwälder. Bedroht! **L** Typisches Flugbild mit gerundeten Flügeln und abwärts weisendem Schnabel. Dämmerungs- und nachtaktiv. Ruht tags am Waldboden. Sehr heimlich. Flugrufe und Balzgesang des ♂ ein dumpfes Quorren mit anschließendem, sehr hohem »pitzi«. Ernährt sich v. a. von Regenwürmern und Insekten der Laubstreu des Waldes. **B** ♀ erbrütet in 21–24 Tagen 4 Junge, die mit 1 Monat flugfähig, mit 5–6 Wochen selbständig sind.

Uferschnepfe
Limosa limosa

Taube	Z III–X	1 IV–VIII

M Langbeinig, Schnabel lang, gerade. Brutkleid: Hals und Brust rotbraun, Bauch weiß, Oberseite graubraun. Kopf und Brust im Ruhekleid hellgrau. Im Flug breites weißes Flügelband, schwarze Schwanzendbinde. **V** Heide, Moore, Steppen, extensiv genutztes Feuchtland, Überschwemmungsgebiete, flache Verlandungszonen. Bedroht! **L** Sehr gesellig. Brütet oft zusammen mit anderen Watvögeln. Füße ragen im Flug über den Schwanz hinaus. Flugruf kurz »wäd«; Gesang im Ausdrucksflug laut, auf- und absteigend »gruitugruitu . . .« Nahrung v. a. Bodentiere und Sämereien. **B** ♀ und ♂ erbrüten in 22–24 Tagen 4 Junge, die mit 30–35 Tagen flügge sind.

Brachvogel
Numenius arquata

> Krähe	Z III–X	1 IV–VIII

M Größter heimischer Watvogel mit langem, abwärts gebogenem Schnabel. Gefieder graubraun mit hellen Zeichnungen. Hinterrücken im Flug keilförmig weiß. **V** Offene Flächen, v. a. Streuwiesen. Beim Durchzug auf Watt, Schlick, Ödländern. Bedroht! **L** Außerhalb der Brutzeit sehr gesellig. Fliegt verhalten, ruhig. Flötenrufe »tlüih« und der stimmungsvolle Gesang mit immer leiser werdenden Trillern werden im wellenförmigen Reviermarkierungsflug vorgetragen. Ernährt sich von Regenwürmern, Insekten und deren Larven, Mollusken, Krebsen, Beeren und auch Pflanzentrieben. **B** ♀ und ♂ erbrüten in 27–30 Tagen 4 Junge, die mit 5 Wochen flügge sind.

49

Rotschenkel

Tringa totanus

> Drossel	TZ	1 IV–VII

M Oberseite im Brutkleid braun mit dunkler Fleckung, im Ruhekleid einheitlicher gefärbt. Unterseite weißlich, undeutlich gefleckt. Im Flug weißer Bürzel und Hinterrücken, breiter weißer Flügelhinterrand. Schnabel schwarz mit rötlicher Basis, Füße leuchtend rot (Name!). **V** Küstennahe Grasländer, Feuchtgebiete mit Seichtwasser. Stark bedroht! **L** Außerhalb der Brutzeit in kleineren Trupps. Sitzt zur Brutzeit gerne auf Warten im Revier. Ruft vor dem Auffliegen lang »tüt«; der Fluggesang ist ein Jodeln »dahidldahidl …«. Nahrung v.a. Kleintiere des Bodens und Flachwassers. **B** ♀ und ♂ erbrüten in ca. 22–29 Tagen 4 Junge, die mit 30–35 Tagen flügge sind.

Flußuferläufer
Actitis hypoleuca

< Drossel	Z/IV–IX DZ/IV–V u. VII–X	1 V–VIII

M Oberseite braungrau, Unterseite weiß. Im Flug breite weiße Flügelbinde, schmaler weißer Flügelhinterrand und weiße Schwanzseiten. **V** Ufer urwüchsiger Bäche und Flüsse, meist nur noch im Gebirge. Beim Durchzug an Binnengewässern. Vom Aussterben bedroht! **L** Fliegt dicht über dem Wasser mit ruckenden Flügelschlägen, dazwischen Gleitflugstrecken mit gewölbten, nach unten weisenden Flügeln. Läuft schnell, hält dann mit auffälligem Körper- und Schwanzwippen. Ruft im Sitzen und im Abflug hell »hididi«. Ernährt sich von Bodeninsekten, die er geschickt fängt. **B** ♀ und ♂ erbrüten in ca. 21 Tagen 4 Junge, die 26–28 Tage geführt werden.

Alpenstrandläufer
Calidris alpina

< Drossel	Z/IV–IX DZ/III–V u. VIII–X	1 V–VIII

M Oberseite braun mit Schuppenmuster, Unterseite weiß. Brutkleid mit großem schwarzem Brustschild; im Ruhekleid graubraun. Im Flug helle Flügelbinde, Schwanz- und Bürzelseiten weiß. Schnabel und Füße schwarz. **V** Weiden und Moore. Beim Durchzug an Watt, Schlick-, Schlammflächen, Binnengewässern. Vom Aussterben bedroht! **L** Zur Zugzeit oft in Trupps, auch mit anderen Watvögeln. Ruft im Abflug gepreßt »trrii«; der rollende, schnurrende Gesang wird im Singflug vorgetragen. Ernährt sich von Insekten, Würmern, kleinen Krebsen. **B** ♀ und ♂ erbrüten in 20–24 Tagen 4 Junge, die mit 20 Tagen flugfähig sind.

Kampfläufer
Philomachus pugnax

> Drossel	Z IV–IX	1 V–VIII

M Oberseite bräunlich mit prägnantem Schuppenmuster. Beine rötlich bis grünlich, Schnabel kurz; ♀ kleiner als ♂. Die ♂ tragen im Brutkleid eine aufrichtbare Halskrause und »Perücke« in verschiedensten Farbmustern (Fotos). **V** Extensiv genutztes Feuchtland, nasse Wiesen, Schlammflächen. Überwintert südlich der Sahara bis Südafrika. Vom Aussterben bedroht! **L** Sehr gesellig. Stimme wenig zu hören. Prächtige, komplizierte Arenabalz auf festen, oft jahrelang benutzten Kampfplätzen. Ernährt sich von Kleintieren des Seichtwassers und Bodens. **B** ♀ erbrütet in 20–23 Tagen 4 Junge, die mit 25–27 Tagen flügge sind und nur vom ♀ betreut werden.

53

Säbelschnäbler
Recurvirostra avosetta

Taube	TZ	1 V–VIII

M Auffallend schwarzweißer, langbeiniger Watvogel mit aufwärts gebogenem, säbelartigem, schwarzem Schnabel. Beine hell- bis blaugrau. **V** Seichtwasserzonen der Küste und seichte Steppenseen. Im Winter auch im Wattenmeer. **L** Einzeln oder in kleinen Gruppen an der Küste oder im Seichtwasser. Ruft klangvoll »plüit«, das bei Erregung rasch wiederholt wird. Schlägt bei der Nahrungssuche mit dem Schnabel seitwärts in den Schlamm und nimmt v. a. kleine Krebstiere, Ringelwürmer, Insekten und deren schlammbewohnende Larven. **B** ♀ und ♂ erbrüten in 23–25 Tagen 4 Junge, die geführt werden, bis sie mit 35–42 Tagen flügge sind.

Brandseeschwalbe
Sterna sandvicensis

< Lach-möwe	Z IV–X	1 V–VII

M Rücken und Oberflügel hell silbergrau, schwarze Kopfplatte mit verlängerten, in Erregung gesträubten Hinterkopffedern. Füße schwarz, schwarzer Schnabel mit heller Spitze. Sehr lange, schmale Flügel, Schwanz mäßig gegabelt. V An Meeresküsten. Überwintert an atlantischen Küsten Südeuropas bis Südafrikas. L Flug ausgreifend. Häufigster Ruf ein hartes, 2–3silbiges »kjirrik«. Fischfang durch Stoßtauchen im Flachwasser. B Koloniebrüter, oft zusammen mit anderen Seeschwalben oder Lachmöwen. Beide Eltern erbrüten in 22–26 Tagen 2 Junge, die den Nistplatz bis zum Flüggewerden mit 35 Tagen kaum verlassen und noch lange gefüttert werden.

Küstenseeschwalbe
Sterna paradisea

< Lach- möwe	Z IV–X	1 V–VII

M Oberseite hellgrau, Unterseite weiß, Kopfplatte schwarz, Schwanzspieße länger als bei der sehr ähnlichen Flußseeschwalbe. Schnabel karminrot. **V** An Meeresküsten. Langstreckenzieher, der auf der Südhalbkugel überwintert. Bedroht! **L** Flug leicht, elegant. Greift im Sturzflug Störenfriede (auch Menschen) in der Kolonie an. Ruffreudig, Stimmfühlungsruf nasal »bitt-bitt«. Nahrungserwerb (kleine Fische, Krebse, Insektenlarven) durch Stoßtauchen. **B** Brütet auf flachen Inseln und im Deichvorland der Küste; geselliger Koloniebrüter; ♀ und ♂ erbrüten in 20–22 Tagen 2 Junge, die mit 2 Tagen schwimmfähig und mit 20–28 Tagen flügge sind.

Flußseeschwalbe
Sterna hirundo

< Lach- möwe	Z IV–X	1–2 IV–VII

M Sehr ähnlich der nebenan beschriebenen Küstensee-schwalbe, Schnabel jedoch rot mit schwarzer Spitze, Füße länger, der tief gegabelte Schwanz etwas kürzer. **V** An Flach- und Wattküsten, vereinzelt im Binnenland an naturnahen Flußläufen, auf Inseln in Seen. Überwintert auf der Südhalbkugel. Stark bedroht! **L** Fliegt mit weitausholenden Flügelschlägen. Suchflug mit senkrecht nach unten gehaltenem Schnabel; gewandter Stoßtaucher. Nahrung v. a. kleine Fische, Krebse, Insektenlarven. Stimmfühlungsruf »kick«. **B** Geselliger Koloniebrüter, nimmt auch künstliche Brutplattformen an. ♀ und ♂ erbrüten in 20–26 Tagen 3 Junge, die mit 23–27 Tagen flügge sind.

Lachmöwe
Larus ridibundus

Taube	TZ	1 IV–VII

M Kleinste heimische Möwe. Oberseite hellgrau, Unterseite, Bürzel und Schwanz weiß. Gesicht zur Brutzeit schokoladenbraun, Schnabel und Füße korallrot. Flügel schlank, spitz, mit weißer Vorderkante. **V** Küste und Binnengewässer mit flachen, bewachsenen Ufern. **L** Fast ganzjährig gesellig. Als Kulturfolger auch in Städten. Das quärrende »kwäarr« ist v. a. in der Brutzeit zu hören. Ernährt sich tierisch und pflanzlich, auch von Abfällen. Häufig an Kläranlagen, Müllkippen und auf frisch gepflügten Feldern. **B** Große Brutkolonien. ♀ und ♂ erbrüten in 20–25 Tagen 3 Junge, die mit 26–28 Tagen flügge, mit 35 Tagen selbständig sind.

Sturmmöwe
Larus canus

> Lach- möwe	S	1 V–VII

M Kleine »Ausgabe« der umseitig beschriebenen Silbermöwe. Rücken und Oberflügel bläulich-grau, Flügelspitze schwarz mit weißem Fleck auf den beiden äußeren Handschwingen. Kopf weiß, Schnabel und Beine grünlich. Im Ruhekleid sind Kopf und Nacken fein gestrichelt, Schnabel und Beine grau. **V** An Küsten, vereinzelt im Binnenland. Im Winter regelmäßig im Binnenland. **L** Ruft gellend »kiä«. Mischt sich unter Lachmöwen. Nahrung v. a. Wattwürmer, Regenwürmer, Insekten, Fische, Kleinnager, Pflanzenreste, Abfälle. **B** Koloniebrüter auf Landzungen, Uferstreifen, in Sümpfen. ♀ und ♂ erbrüten in 23–28 Tagen 3 Junge, die mit 28–33 Tagen flügge sind.

Silbermöwe

Larus argentatus

Bussard	S	1 IV–VII

M Körper weiß, Rücken und Oberflügel zart blaugrau, Flügel-spitzen schwarz. Gelber Schnabel mit rotem Fleck nahe der Unterschnabelspitze. Füße rosa. **V** Häufiger Brutvogel der Küste, im Binnenland sehr selten. **L** Ganzjährig sehr gesellig. Ruft gellend »kju«, daneben ein auffälliges Jauchzen. Nahrung v. a. Meerestiere wie Krebse, Mollusken, Stachelhäuter, dane-ben auch pflanzliche Nahrung und Abfälle. Im Winter oft an Mülldeponien, Schlachthöfen, Fischereihäfen. **B** Brütet auf dem Boden oder auch auf Gebäuden. ♀ und ♂ erbrüten in 26–32 Tagen 2–3 Junge, die mit 35–49 Tagen flügge sind, aber dann noch längere Zeit von den Eltern gefüttert werden.

Heringsmöwe
Larus fuscus

< Silber-möwe	S	1 IV-VII

M Kopf und Hals weiß, Rücken und Oberseite dunkelgrau. Schnabel gelb mit rotem Unterschnabelfleck, Füße gelb. Spitzen der äußeren Handschwingen schwarzweiß. **V** Brutvogel der Küste und z.T. auch im Binnenland. **L** Ruft etwas tiefer und weniger laut als die nebenan beschriebene Silbermöwe. Sucht wie diese Nahrung an der Küste, auf der offenen See, aber auch an Binnengewässern (Oberflächenfische, Regenwürmer, Aas, weniger häufig an Abfällen wie Silbermöwe). **B** Koloniebrüter, mitunter zusammen mit Silbermöwen. ♀ und ♂ erbrüten in 26–31 Tagen 2–3 Junge, die sie gemeinsam füttern, und die mit 35–40 Tagen flügge sind.

Register